AF166428

.......auf dieser Seite steht noch nichts

Hier geht's auch noch nicht los

Hans-Jürgen Hilbig
Wir baden in farbenfroher Bitternis

Gedichte

Bibliografische Information der Deutschen Nationalbibliothek:
Die Deutsche Nationalbibliothek verzeichnet diese Publikation in
der Deutschen Nationalbibliografie; detaillierte bibliografische
Daten sind im Internet über http://dnb.dnb.de abrufbar.
© 2023   Hans-Jürgen Hilbig
Herstellung und Verlag: BoD – Books on Demand,
Norderstedt
ISBN: 9783734725609

1.

mutter es sind keine tränen mehr
mutter was tun wir
was tun wir so ganz ohne tränen
man kann doch nicht lachen mutter
wie soll man lachen
so ganz ohne tränen

was geschieht? wir trennen uns von balladen viel schneller als
uns lieb ist
wir sind gerne wir
manche von uns werden vergessen
ohne vergessen geht es nicht

wir sind die bürgerliche masse
wir tragen perlen unter der haut
wir sind tolerant, menschenrechtsverletzungen dulden wir nur im
kleinen
wir tragen uniform
nein
wir lassen schöne uniform tragen
wir lieben die blutigen orte
wir betrachten sie aus einiger entfernung
wir verlieren nichts
wir verlieren nichts
wir können nichts verlieren

wir sind müde
wir finden: es ist alles verloren
wir baden in farbenfroher bitternis

später wenn die nacht uns besiegt hat werden wir strahlen
ja
wir werden strahlen
da wir uns nicht mehr erkennen

mutter was ist
was ist mit der stille
wer treibt die stille an
ist sie denn niemals müde
sag mutter
bist du denn niemals müde

2.

wenn ich könnte würde ich saxophon spielen
wenn ich könnte würde ich über deinen bauchnabel
gedichte legen

hinter all dem dunklen wächst dein lachen
ungekämmt ungehemmt

ich bin verdorben klage ich, während du lachst
wir müssen weg sagt irgendwer der
mit solchen sätzen unsere schlechte laune verdirbt

wir gehen ohne zukunft in die leere
aber wir halten unsere tränen fest

wir reden nicht zu viel
vergessen nichts
wir fangen mit niemandem etwas an

unsere namen sehen sich
zum verwechseln ähnlich

leise
leise lacht die nacht
die nächste zukunft
wird unsere sein

3.

da schau her
da drüben hockt ja der alte kreisenbacher
ganz fremd schaut er aus
den Bart trägt er wie ein waffenbruder
hat bestimmt wieder zu lange vor der glotze gesessen

meinst der packt die mundharmonika aus

aber wo denkst du hin
der kerl ist ja nackt

so ein ferkel
nicht einmal ein protestschreiben legt er auf sein geschlechtsteil

mei
mir kommts vor als spreche es mit ihm
hoffentlich geht nicht grad die frau vom neumann an ihm vorbei
die wird sich heuer wieder ihre ration prügel abholen und dann
sitzt sie in der nähe der sandkästen und schneidet balladen in
ihr herz

dort hocken sie
all die frauen die in keiner geschichte vorkommen
dabei hat jede eine zu erzählen und jede weiß
dass es so weitergeht
es sei denn wahrscheinlich merkt der rodinger gar nicht dass er
nackt ist
hieß er nicht eben noch anders
er zittert kein bisschen
mei schau nur
was der für einen bauch hat

bestimmt ist er breit und kann sich morgen an nichts erinnern

wie die männer deren frauen vor den traurigsten sandkästen der
welt sitzen und denken
das hört nie auf
es sei denn

4.

du sitzt schon wieder ein, rauchst eine
denkst an romantische plätze
vorm theater
deine fingerkuppen zittern wie falschgeld zittert
wenn es in die hände von kontrolleuren fällt

traum vom meer
von einem kleinen schiff
irgendwann wird das schon wachsen

was geschieht
geschieht nicht
denkst du
es ist alles nur ein traum
ein traum der vergessen macht
wie egal es ist
ob du träumst oder nicht

und sonst?
sonst erwachst du und machst selbst
aus der angeklageschrift etwas poetisches

punkt, dachte sie
hier muss ein punkt hin und
dann gehe ich
während du alle gesichter gleichzeitig bist
während du die augen öffnest
wenn du sie eigentlich schließen solltest

irgendwann wächst dir schnee aus dem gesicht
fängst du an die worte zu streichen
die dich daran erinnern dass worte nichts vergessen machen
können

du bist auf bewährung draußen
rufst sie an
sagst
ich hab das flaschenpfand abgegeben

sie fallen immer wieder auf dieselbe umarmung rein
dieser ungehorsam schmeckt so gut
dieses erinnern an das nächste erinnern das sie
wieder und wieder berührt
das hört nicht auf denkt er
das ist schon zu ende, weiß sie

5.

ich druck gedichte aus für suhrkamp
werden begeistert sein
ich muss den staub mal wegwischen vom tisch
meine schuhe lächeln darüber
ich versteh nicht dass die mich nicht drucken
ich habe lange haare und wenn man mich neben einem
verlorenen schuh fotografiert sehe ich richtig gut aus

das licht flieht langsam aus dem zimmer von julie
solche sachen schreibe ich
ich kann nicht glauben dass das keinen interessiert
julie trinkt kerzenwachs
sie ist bürokauffrau und nachts
zieht sie ihr bikinioberteil an

ist das kein abenteuer
ich streng mich so an
aber alle schreiben
danke dass sie uns geschrieben haben
ja bitte
nun druckts auch da ihr euch schon bedankt

ich muss urin lassen
morgen für den arzt
er wird was finden
irgendetwas gesetzwidriges
dabei nehme ich keine drogen
meine droge ist das gedicht

julie sitzt müde im bett
sie fragt sich was werden wird
was wenn die atomraketen nicht funktionieren
was wenn alles so weitergeht wie bisher

ich bin erschrocken
suhrkamp auch
ich möchte julie zurufen
aber das leben
das leben ist doch schön
doch sie schläft bereits
ich schick es trotzdem weg
sie werden es lesen und denken
da ist es also
das ende und wir haben es so lange gesucht

6.

das kind kauft bier für den vater
der alte nöl hat immer bier
manchmal öffnet sein sohn
die bude
da möchte das kind am liebsten
brüllen
du bist ja gar nicht der nöl
aber dann reißt sich das kind zusammen
besser noch
es denkt daran was es mag
es mag zirkuszelte und grüne vorhänge
es mag auch die idee es nicht zu mögen
es vergisst nichts
bei der bestellung guckt es immer auf
das gesicht vom alten nöl
der vater sagt stets
der alte nöl? das sind hirngespinste
der ist doch schon so lange tot

der vater ist auf dem posten
er kennt sich aus
das kind weiß dass der vater schon
vor seiner geburt da war

manchmal glaubt es der vater war
schon immer da
die mutter dagegen sitzt draußen
bei den anderen müttern

sie schaut traurig nach oben
sie weiß wenn er genug getrunken hat
verlässt ihn der mut und er geht los
den selbstmord suchen

wenn jemand fremdes an ihm vorbeigeht
möchte er hilfe schreien
weil er nicht schreien kann
nimmt er einen zettel und schreibt
hilfe drauf

7.

das ist das gedicht vom jungen
der nicht in der ecke stehen konnte
alles ist wahr, hat irgendwer gesagt
ich glaube das auch
denn auch ich bin irgendwer

im radio reden sie über dinge
während der junge in der schule sitzt und
an einen witz denken muss
er sollte nicht an den witz denken

er sollte zuhören
lauschen
er sollte sich vorstellen
die kreise die in den augen der lehrerin zittern
wären seine

da lächelt er
kaum merklich
als wäre es nacht und
er würde über die flure der schule schleichen
überall liegen tränen herum
aber dann hört er dieses geräusch
und dann sieht er den hausmeister
der einen besen bei sich hat
und der besen macht dieses geräusch und
dieses geräusch drückt die tränen in die ecken
deshalb kann er nicht in den ecken stehen
wer kann schon dort stehen wo jemand weint

8.

herr l möchte fliegen
ihm ist schon klar
viele wollen etwas tun
was sie nicht können
herr m aus der korrekturenabteilung
möchte ein unterwasserglas sein
oder frau specht aus der buchhaltung
will einmal fühlen wie ein regenbogen
dinge die nicht gehen funktionieren am besten
denkt er sich und breitet sein frühstück aus
dort das schwarzbrot auf der anderen seite
seine vegane teewurst
er trinkt kaffee und verzichtet schon seit jahren
auf erdnüsse
manchmal meint er ein kratzen am ohr zu hören
das wie ein flüstern klingt
aber dann ist es doch nur die klospülung
er erinnert sich wie die einmal eingefroren ist
das war einzigartig
fast alle im büro standen vor der spülung
mit einer teetasse in der hand und waren
ganz stumm
das war schon was denkt er
das war so friedlich als finge alles damit an
dass etwas nicht mehr funktioniert
wie seltsam wir doch sind denkt er oder
er denkt es nicht
sondern es sagt jemand und er nimmt die
worte und trägt sie auf die toilette in die
klospülung die längst nicht mehr friert
aber das heißt ja nichts

9.

du warst nie in einer anderen stadt geboren
du warst lange unterwegs
endlich angekommen
du sahst dich um
du erkanntest nichts mehr
die fabriken lagen tot in der luft
an einer wand stand geschrieben
nichts mehr drin
du sahst dich in deinem zimmer um
alles ob du hier nie gewohnt hättest
so gewöhnlich war es
du fingst zu träumen an
du fingst an
an der wand entlangzuspazieren
du dachtest
ich gehe in meine stammkneipe
ich weiß schon
man hat sie abgerissen
alles hat man abgerissen
selbst die nacht als sabine
zu den soldaten ging
um sie zu bekehren
selbst der Montag als
die spritze nach einem
neuen schmerz rief und
du schwiegst als du bemerktest
das alles bist du
die spritze
der schmerz
und dieser soldat der zurückblickte

10.

mein onkel war dichter
er schuf die fünfziger jahre
er erzählte gerne
wie er es liebte
an gott zu glauben
an gott zu glauben sei ungefähr so
wie mit einem alten partisanen slivovitz
zu trinken

ich verstand nicht immer was er meinte
aber er war dichter
er erfand das wirtschaftswunder
er zerlegte die bratwurst in die schreibmaschine
machte eine currywurst daraus

ein harlekin war er
ein zauberer
manchmal ein held und manchmal
ein zweifler

er schrieb das gedicht vom tanzenden
regenwurm
jeder der es gelesen hätte wäre vor lauter glück verlassen
worden

manchmal dachte ich
er ist ein clown
weil er immer die augen schloss und flüsterte
ach könnte ich nur weinen

er wurde auf dem alten friedhof begraben
drei weiße pferde standen spalier
ein schauspieler rezitierte das gedicht

vom tanzenden regenwurm

regenwurm wann
wann tanzen wir
um uns selbst

wann tanzen wir
um uns selbst
regenwurm
wann

11.

du schaust nie auf die uhr
für dich ist immer zwölf uhr mittags
du bist gary cooper und du weißt
was das bedeutet
jemand will dir deinen musikgeschmack aufzwingen
aber du hast keine lust auf peter alexander
du willst nach hause
zu hause wartet sie mit dem brettspiel auf dich
sand fällt in die nacht
in die grube
in die sinne
jemand der so etwas noch nie gemacht hat
schreibt sex auf einen blauen karton
ob er in den karton verliebt ist oder ob
er ihn einfach nur spitze findet wissen wir nicht
niemand weiß es
nicht einmal der unterwasserdichter f. l. schi
jeden morgen bevor irgendwer etwas sagen kann
geht er in den fluss
bleibt dort bis er ein gedicht hat
dann rennt er zu der nächsten mühle
setzt sich auf ein bänkchen und schreibt
du schaust nie auf die uhr
es ist einfach so dass der staub in deiner
unterhose spuren hinterlässt
es ist einfach so dass du alleine bist
ganz auf dich gestellt
vierundzwanzig mann kommen in die stadt
um sie zu übernehmen und du alleine
ganz alleine weißt
es ist verloren
denn grace kelly kam bei einem autounfall ums leben
niemand da
nicht einmal die

die immer da sind
wind peitscht die äste kahl
kein einziger vogel bekommt etwas davon mit
es ist alles in einer anderen wirklichkeit
dort sitzt die nähe unter dem tisch und
immer wenn sie schüsse hört
winkt sie eine spur zu schnell

12.

hänschen klein ward ganz allein
er roch nach schweiß oder
nach hustenbonbons

die tür glitt auf als wäre sie ein fahrstuhl
eine frau trat auf
sie sagte
herr klein, ihre suppe

hänschen sah der suppe anlitz
wollte keineswegs etwas davon löffeln
davon löffel ich nicht, sagte er fast laut

die frau spazierte aus dem hause
sie bestellte zwei kaffee in ihrem
lieblingscafe
ihr timo kam und brachte ihr zwei küsse mit

ich hab mit herrn schmidt gesprochen sagte er
im tone eines ernsten menschen
er verkauft mir seinen hut

was für ein hut fragte sich hänschen klein
ist das etwa nicht meine geschichte
das ist doch meine geschichte
was für ein hut also …

die tür fing sich selber auf
hätte sie die nicht geöffnet und
hätte die gute suppe gebracht
die tür wäre von selber
von selber wäre sie aufgeflogen

herr klein, rief sie, ihre suppe sie ist soeben fertig geworden
aber hänschen wollte nicht
er wollte nicht
er aß die suppe weil sie gut war aber er wollte nicht
er wollte nicht

später saß er beim bier in der kneipe
herr schmidt setzte sich neben ihn an die theke
scheußliches wetter sagte er
erst erkannte das hänschen den herrn schmidt nicht
denn der herr schmidt war berühmt für seinen hut
so einen schlimmen hut hatte sonst keiner

was ist mit dem hut, hätte er gerne gefragt
aber da war er schon zu hause
lag im bett und schlief
als er erwachte dachte er an die tür
an die frau die ihm die suppe bringen würde
eine tödliche suppe damit es weitergeht
sein stuhl wackelte
seine hände zitterten
das fenster stand offen
es war wundstill in der welt
als tue nicht einmal der schmerz mehr weh

13.

ich hab meinen speiseplan verloren
ich bin verloren
ich umarme dich
mit vielen grüßen
die sonne scheint
überall laufen sie herum
in der summe
menschen
du bist komisch
aber wenn ich dich frage
bist du gar nicht komisch
aber wenn ich dich frage
lachst du und sagst
du bist komisch
ich hab alles verloren
selbst das feuer unter meiner haut
selbst die nacht die ich mit lisa verbrachte
lisa ging mit einem schuh
wenn wir irgendwo eingeladen waren
immer nur ein schuh
ansonsten schönes schwarzes abendkleid
die menschen die sie sahen
sahen nur sie
sie sahen nicht auf den fehlenden schuh
sie sahen nur sie
und dass du pausenlos vergibst das merkst du schon oder
und ich
ich vergebe nichts
ich umarme dich
lena lässt dich grüßen
sie fängt jetzt was an
mit harry
harry bin ich
das weiß sie nicht

für sie sind namen nicht wichtig
aber sie sind wichtig
ich bin am ende, siehst du
ich habe es immer gesagt
irgendwann werde ich das ende erreichen und dann fang ich
was anderes an
keine ahnung
ich könnte beschreiben was ein backofen ist oder so was
was denkst du

14.
ein engel sitzt an der gardinenstange
er sieht nicht traurig aus
es sieht eher aus als stünde er schmiere
komisch
was schmiert er denn
doch nicht etwa etwas boshaftes
doch sicher nichts boshaftes
er ist doch ein engel
engel staunen gerne
sie lieben das außergewöhnliche
aber das boshafte
sie fangen doch jetzt nicht etwa an das boshafte zu mögen
gut
er weiß vielleicht nicht wohin mit seinem blick
der blick kam zufällig
hat nichts mit ihm zu tun

jetzt seilt er sich ab
als hätte er zu lange in eine mündung gesehen
was geschieht hier
geschieht hier was
was ist wenn hier etwas geschieht
es geschieht auch so schon zu viel
eben kam das fritzchen nach hause
die taschen voller radieschen
gleich wird der nachbar klingeln und
das fritzchen anschwärzen
nur weil es radieschen mag
der engel betrachtet die szene und macht
den nachbarn für einen moment blind
er kann schon noch alles sehen
aber das sieht er nicht
soll das fritzchen radieschen essen, denkt der engel
ich mag radieschen nicht
aber wer sie mag soll nicht auch noch bestraft werden

15.

was machste da, fragte er
es war björn
der hatte zu hause ein klavier

du hast ein klavier zu hause
sagte ich
was willst du hier

nur so, meinte er
ich mag's wenn regenwürmer pinkeln

ich trank malzbier aber ich werde mir
auch das abgewöhnen
ich sagte
das ist eine ausrede

warum sollte das denn eine ausrede sein
fragte ich mich später
später als ich mit susanne eine runde drehte
wir taten so als wären wir schon ewig zusammen und
nun käme es zum streit

ich hab jemanden kennengelernt, der besser ist als du
das freute mich für sie
ich sagte, ich hab dir immer gesagt dass ich nichts tauge
zum abschied verabredeten wir uns auf den nächsten tag
ich freute mich schon drauf

16.

vielleicht siehst du sie nicht mehr
die eigene umarmung
den eigenen namen
das vergessen und verlassen
in diesem zimmer scheint
jemand zu ersticken
du möchtest sie retten
ihr sagen
man muss nur laut genug
schweigen
schon kommen sie von allen seiten und
erzählen dir
wie schlecht es ihnen geht
während du machtlos im bett liegst
das leben verschweigst
die ruhe vergräbst in dir
ihr ahnungslosen, möchtest du rufen
aber du weißt nicht wie das klingt
du weißt nicht wonach du klingst
wenn dein schatten dich vergräbt und
du
wenn du das zimmer anstarrst immer
noch glaubst
es von irgendwoher zu kennen
spürst wie die decke immer näher kommt
als drehe sich alles bloß noch um diesen einen abschied
lange schweigen
deine unruhen
der platz unten auf den bänken der traurigen
frauen
wird leer bleiben
viele die vergessen erinnern sich an dich und
blicken zurück

17.

er ist mit den anderen
verschwunden

sie standen an
den gleisen

sie riefen sich
ihre namen zu

die narben sind geblieben
die narben sind immer da

aus narben entstehen
gesichter
geschichten
aus narben werden worte gemacht

er ist mit den anderen eingestiegen
sie lachten
öffneten dosenbier
tranken bis die seele schwankte

holten brote aus dem nichts
belegten sie mit worten
taten so als ob es schmeckte

und wie es schmeckte
so hatte noch nie etwas geschmeckt
als nähmen sie alle an einem wunder teil
dabei war es doch nur einerlei

18.

er stellt sich vor wie ihr gesicht frieren könnte
wie sie die hände absucht nach einer umarmung
er möchte dass sie ihm etwas vorliest
briefe die er ihr am ende der nacht schrieb
er möchte den scherz erkennen
über den sie nur lacht um ihre traurigkeit zu vergessen

orte an denen sie damit beschäftigt waren
den anderen anzusehen um etwas zu erkennen
etwas das vorher noch nicht dort war
einen knoten im lachen
einen versteckten scherz am abgrund

ich weiß noch, denkt er, wie ich
die nacht mit dem gedanken verbrachte
sie könnte sich vor mir verstecken

so eine sorge

schnell rief er sie an ohne ihre nummer zu wählen
als könnte er sie so betrachten
das gesicht vernebelt
das telefon längst aufgelegt
genießt er ihre abwesenheit
mit einer träne

19.

wie still ihre lippen sein konnten
wie alles plötzlich hinter einem lag

was an küsse erinnerte
wurde weggewischt

von wem
wer tat so etwas

ich wusste es nicht
vielleicht war ich es
vielleicht weil ich ahnte
dass ich nicht bleiben durfte

diese stille ihrer lippen
als wäre nichts vorgefallen
als gäbe es weder die lust
noch den frust

als gieße sie nächte ab im traum
als renne sie mit einer gießkanne herum und
fürchte einzig es nicht zu schaffen

sie muss es schaffen
sonst erwacht sie nicht und wenn doch
dann nur mit stillen lippen

20.

b sah aus dem fenster
es kam ihr alles neu vor
als würden überall trockene alkoholiker in stillen pfützen
spazieren gehen
sie mochte es wenn jemand erdnüsse knackte oder
tennisspielerinnen durch
enge gassen schlenderten
sie liebte die welt und die welt liebte sie zurück
ihr mann war misstrauisch
er mochte es nicht wenn sie so in die welt blickte
er wollte wissen was sie sah
ob etwas geschah
was ist, fragte er
was geschieht, wollte er wissen
sie sah aus dem fenster und hatte
dieses glas in der hand
das glas roch nach perlenschnaps
was ist perlenschnaps fragte sie
er antwortete perlenschnaps trinkt man
wenn alles andere schon egal ist
er lachte
sie kicherte
tropfen rutschten ihnen fast zeitgleich von der nase
das glück rutschte und rutschte und fiel nicht
die welt war ein klarer unendlicher gedanke
als hätte ein dichter namens borges uns einen
guten tag gewünscht und wir hätten ihm alle geglaubt

21.

als dornröschen erwachte saß sie in einer unbekannten
finsternis
aber in der verkehrten richtung
wie war es möglich
das war doch die höhe
war es die höhe?
ja es war sehr hoch und es
regnete und fürchtete sich
es sollte aufstehen und
sich nicht fürchten
es stand auf und es fürchtete
sich
da sah es etwas
ein haus
ein altes zerbrechliches haus
freute es sich?
das dornröschen war unsicher
es fürchtete sich
es sollte sich nicht fürchten
doch es fürchtete sich
es klopfte an
jemand war dort drinnen
jemand fürchtete sich
musste sie sich fürchten
sie musste sich nicht fürchten
warum denn fürchten
sie war im haus
sie hatte geträumt
war erwacht
hatte aus dem dunklen fenster gesehen
sie mochte es wenn überall dunkelheit war und
niemand an ihre tür klopfte
es klopfte an ihre tür
sie fürchtete sich

sie sagte herein
aber sie ging nicht hinein
sehr kompliziert
warum ging sie nicht rein
die drinnen lehnte sich gegen ihre angst auf
sie ging zur tür
öffnete sie
niemand war da
kein wunder dachte der wind
macht keinen sinn, dachte sie
der himmel blieb unerwähnt
die sterne und die bilanzen mit denen sich die menschen das
leben schwer machten auch
keiner starb
niemand lebte ewig ... alles war was es war ... ein ewiger traum
den dornröschen träumte ...

22.

er legt die buchseiten weit weg
er denkt an den geruch von geschenkpapieren
an die alten flaschen
die ideen sie zu behalten bis ihr marktwert steigt

er möchte geschichten schreiben
die kein mensch druckt
er möchte sich in die papierseiten rollen
darin verschwinden

er träumte einst davon klavierstunden
zu nehmen und doch nur zu lernen
wie man zigaretten dreht
ich bin ein guter mensch meint er und
lacht
er geht an den kirchen vorbei und
lacht nicht mehr
in der kneipe sitzt er immer an der theke
friert und erklärt anderen den krieg

die tage werden weniger
die stunden mehr
die
die noch briefe schreiben
wissen nicht mehr
an wen

er möchte hinauslaufen und
betrug rufen
aber er tut es nicht
er tut es nicht
warum tut er es nicht

23.

irgendein müllplatz
beinah vergraben
liegt er da der alte blonde soldat
aus seinem mund stinkt
er
sein versteckter hunger
meldet sich
vergräbt er was oder
schreibt er was auf
der klang erscheint demnächst
auf einer cd
zu kaufen bei jeder holzbahnschranke
zum preis von ich weiß nicht was
in einem lädchen begegne ich ihr
sie hat schuppen und
verlässt die straße nicht mehr
ist sie zu hause sitzt sie hier
raucht eine dubiose tablette und
sieht sich alte filme an
jesus war mal hier sagt sie
hat sich dort hinter der theke
versteckt und als einer reinkam
der aussah wie ein römer
sagte ich
hier ist keiner außer ich und
mit mir legen sie sich besser nicht an
wie vergilbtes unlesbares papier
vergrabe ich diese worte
als hätte nie jemand so etwas gesagt
als wäre alles nur in meinem gestörten kopf
für immer und ewig
auf kosten der wahrheit eingraviert

24.

der fotograf erwachte und
neben ihm lag jemand
den er nicht kannte
es war komisch
er hatte den wunsch
seinen mund
zu fotografieren
er starrte die decke an
doch das brachte nichts
er schlief ein und
träumte natürlich
genau dasselbe
wie immer
er spielte in einer rock'n'roll gruppe
keine rolle
er saß nur da und kochte kaffee
öffnete dosen
hosen
socken
türen
fragte
frauen nach der zeit
nach der welt
fragte sie
wie geht es sam und
die frauen sagten dann stets dasselbe
er erwachte und es war mondstill
er hatte den eindruck die ganze finsternis weggeträumt zu
haben
draußen fuhren die busse in die immer gleiche richtung
selbst die not tat was sie tun musste und der wind
was tat der wind
er stellte eine frage die nur er kennen konnte

jemand der neben ihm lag fragte sie
was nun sei
wie die antwort gehe
sie sagte
ich weiß die antwort nicht
die antwort mein liebling weiß nur bob dylan oder der wind

25.

herr l lacht vor sich hin
die blümchen bedecken den abgrund
eine rettung ist nicht in sicht
er denkt an die weltwunder
an die verbotsschilder
er fragt sich, wie schnell ein
hundertmeterläufer träumt
wenn er nachts
neben astrid liegt und
nicht schlafen kann
herr l möchte gerne der hundertmeterläufer sein
denn die astrid hat er schrecklich gern
einmal fragte er sie, ob sie ihren blinddarm noch
habe und obwohl sie nichts darauf antwortete
hatte er trotzdem dieses gefühl als müsste er niesen
er möchte ein schaumbad
er möchte die welt ändern
er weiß nicht wie er sie ändern soll
deshalb badet er ja
es fühlt sich falsch an nackt zu sein und die welt ändern zu
wollen denkt er
die augen offen
der himmel rotbedeckt
irgendwo geht sicher astrid und fragt sich dinge
dinge die nicht verschwinden wenn man an sie denkt
die nicht einmal verschwinden wenn man nicht
an sie denkt
wie gerne er sie ins rosel einladen würde
dort gibt es den coolsten wein
die coolste musik und die entsetzlichsten türsteher
diese türsteher haben nie camus gelesen
sie sind der fels in der brandung
aber sie haben niemals camus gelesen denkt herr l und
das macht ihn traurig

irgendetwas stimmt schon so lange nicht mehr, denkt herr I und
er möchte seinen mund aufreißen
aber natürlich bleibt er stumm
ist besser so spürt er

26.

da stand ich also alleine in sarajevo und
schaute und drehte mich um

nichts
marlowe war nicht da
er hatte zu mir gesagt
geh dort hin
dort in die goldene stadt und
warte auf mich

ich erwartete nichts großartiges von ihm
er würde von seiner künstlichen hüfte
erzählen und dass so eine künstliche hüfte
auch kunst sei

dann würde er wie immer sagen
hab leider keine zeit und weg wäre er

aber nun kam er erst gar nicht
eigentlich war er noch nie gekommen

ich habe so oft versucht ihn anzurufen
er hat einfach kein telefon

wo findet man jemanden der nicht existiert
ruft man seinen namen in den nebel
nagelt man ihn an die wand
der erinnerung zur mahnung oder
vergisst man ihn einfach
trinkt einen bosnischen kaffee und macht
einfach weiter

27.

die einfach so dastand
war verschwunden
die immer alles wusste
war weg
die nicht mehr wiederkommende
stand vor mir
hob ihren kugelschreiber hoch und fragte
warst du schon mal in maribor
die immer wieder vergessene sagte mir
während sie sich auf mein goldenes sofa legte
jetzt muss man dort sein
später macht es kaum noch sinn

ich begriff was sie meinte
ich begriff nur sie nicht
sie hatte vergessen guten tag zu sagen
erinnerte ich mich
aber sie versprach mir zu schreiben
nachts
wenn keiner sonst schreibt
oder tagsüber
wenn alle über die suppe streiten
die alte staubige suppe die müde über den tellerrand rinnt
während in maribor irgendeine frau
ihre augen ablegt
den wind hereinlässt und den vorhang zur seite schiebt
so wie es alle menschen tun die glücklich sind

28

denk dir eine nacht
denk dir eine nacht die sich schlafen legt

die sich neben dir legt
die dich ansieht im schlaf

denk dir diesen schlaf
der dir wie ein traum vorkommt

du bist rasend vor glück
von dieser nacht
hast du noch nie geträumt

deine tränen suchen dich
dein lachen schaut dir lange nach

so viel nähe war noch nie da
dabei bist du noch nicht einmal
erwacht

29.

herr l geht auf eine lange reise
er zittert vor mut
er will nicht hoch hinaus
doch er will oben bleiben
er hat die büroklammern zusammengelegt und sie der doris
geschenkt
ihr gesicht hättet ihr sehen sollen
herr l weiß noch nicht wohin
er möchte die welt erkunden
er will begreifen....er hat es satt
jeden morgen die nacht abzuwaschen
er will sie behalten
er will dass er nicht mehr verlassen wird
herr l nimmt das mit den büroklammern nicht ernst
er kennt auch keine frau die mal doris und
dann doch sabine hieß
er kennt nicht ihre schwarzen augen
aus denen mohnblüten wachsen
er weiß nichts von ihren händen
die vergessen haben dass sie in spülwasser baden
er lenkt seine gedanken hin zu ihrem körper
er will das nicht
er will mit messer und gabel essen
er will versuchen das universum zu reparieren
niederlagen als wahre siege zu begreifen
alles kann ein irrtum sein denkt herr l und
schläft daraufhin ein

30.

im film trug der hauptdarsteller einen hut und musste sich
setzen
zwei männer die aussahen wie er schwitzten
einer von den beiden nickte
der andere begriff nicht
los sagte der eine
der andere schaute ihn verdutzt an
das paket rief der eine
der andere wusste endlich um was es ging
so holte der andere ein paket aus dem nebenzimmer
er stellte das paket auf den tisch
dann zogen sich die beiden männer zurück und
nur der hauptdarsteller auf dem stuhl blieb
er öffnete das paket und sah in einen spiegel
der spiegel war dumm denn er spiegelte
nichts
der mann verstand den spiegel gut
er nahm ihn die hand und versuchte den spiegel zu umarmen
der spiegel wollte das nicht
er wollte geküsst werden, aber nicht umarmt
als der film zu ende war ging ich aus dem kino
ich wollte, da ich noch zeit hatte
zum flohmarkt gehen
als ich dort war sah ich mich um
ich sah ein bild das mir gefiel
auf dem bild war nichts zu sehen
wie heißt das bild fragte ich
luft meinte der mann der aussah als wäre er
aus dem bild entflohen

31.

ich bin am bahnhof
wie so oft
wie jeden freitag
seit fünfzig jahren

du warst politisch
ich weiß es
wir haben geredet
damals
ich weiß es

dunkel war der schnee
jemand packte ne packung
rosinen aus und du
mit ner zigarette im mund
sagtest
ach scheiße, es ist krieg und
hier blutet höchstens der schnee

ich habs verstanden
ich wusste
es war nichts in ordnung
alles aus den fugen
wir brannten nicht genug
deswegen

wir sahen zu und legten
uns ins bett und trieben
es miteinander
das war schlecht

wir hätten vergessen müssen
dass man es tut
solange andere brennen

solange die nacht ein bombenhagel ist
der uns erzittern lässt

wir hätten diese idee nicht vergessen dürfen
dass man nichts vergessen kann
deshalb bin ich hier
ich warte auf dich
deine hand zu berühren
deine wut
das alles beginnt mit schnee und endet
mit meinem zittern

32.

ich bin der klaus, ich bin alt
gestern war ich jung
julia auch
julia ist mit ingo
ich weiß nicht
in den abgrund
ich verstehe es nicht
auch nach all der zeit
der mit seinen wurstfingern
der hat ja nicht mal
einen gabelstaplerführerschein
ich dagegen
habe zwei gezinkte würfel
mit denen gehe ich nachts auf tour
lohnt sich
ich mag es salzstangen zu essen und
den loosern beim verlieren zuzuschauen
sie kommen gar nicht drauf dass ich bescheißen könnte
ich hab so ein ehrliches gesicht
ich verschwinde auch immer aus der stadt
wenn ich es satt habe und ich hab es ziemlich
schnell satt
gestern las ich ein buch von thomas bernhard
gefiel mir
wollte ich gleich besuchen den kerl
aber man sagte mir
ich komme zu spät
nun denn dann würfel ich eben in österreich
habe ja nichts zu verlieren

33.

er saß im cafe
sie spielten wiener westernlieder
er wurde melancholisch
lächelte sanft
er überlegte sich etwas
er zitterte leise
als hätte er angst sich zu wecken
sie beobachtete ihn
sie war die ruhe selbst
stand auf
schob ihren kaffee zu ihm und
meinte
es ist so absurd, überall sieht man menschen
die es nicht schaffen
es war ein wundersam femininer nachmittag
über der ganzen stadt strahlte die nacht
die sich noch hinter dem tag versteckte
er sah sie an
sie hat solange geschwiegen dachte er
und nun fängt es an zu schneien
sie brannte vor irgendetwas könnte wut sehnsucht
oder sonst was sein
sie sagte
es gibt einen ort den ich versteckt halte wenn du
willst zeig ich ihn dir
er kannte solche orte
er brannte darauf sie kennenzulernen
alles gelogen
er saß alleine im cafe
niemand brannte darauf ihn anzusehen
er zahlte und ging ins nächste cafe

34.

ich bin karl
alkoholiker
danke dass ich auf diesem stuhl platz nehmen darf
es ist nicht selbstverständlich
die meisten haben mich satt
bieten mir nicht mal ein getränk an

das leben war nicht gerade ein glückslos
ich war ein trinker der gerne vergessen
hätte dass er ein trinker war

ich wusste nicht wie
wie das begann und wie das
aufhören könnte

ich trink manchmal so viel dass ich nichts mehr raffe
schon gar nicht dass ich langsam
verschwinde

wenn man mir etwas gibt
nehme ich es und trinke
es heimlich
ich trinke es so heimlich
dass ich nicht mal bemerke
was ich trinke

ich riskiere zu wenig
deshalb trinke ich ja

wenn ich es doch nur raffen
würde
doch ich raffe es nicht
ich bin niemand und was

das schlimme ist
wenn ich erwache weiß ich
die supermärkte haben auch schon auf
als hätte ich sie im traum geöffnet

meine frau ist weg
koffer mitgenommen
auch den stoff
den ich so dringend nötig habe

ich geh zum trinken auf
die toilette
ich trinke kleisterschnaps am
offenen fenster

es ist als wäre ich das getränk
versteht ihr
es ist
als könnte ich nur so existieren

ich bin karl
ich weiß nicht was ich sagen soll
ich hab auf diesem stuhl gesessen
nun lieg ich unter ihm
ich bleib dort
wenn ich liege
lässt der durst nach
wenigstens ein bisschen

34.

ich bin viel schneller als du
sagte der igel zu dem hasen
der zum horizont sah
dampfwalzen taten sich auf
riesengroße dampfwalzen
ja ja sagte der hase
es war unglaubwürdig so zu sprechen
doch was machte das schon
da waren dampfwalzen unterwegs
riesengroße dampfwalzen
riechst du das auch fragte der hase
der igel staunte
wurde das ein dialog
ja er roch es auch
aber wonach es roch
wusste er nur wenn es dunkel war
bloß in dunkelster dunkelheit
wusste dieser igel was es war
was es für eine bedeutung hatte
es ist nichts meinte er beinah
auf französisch
wieso sprichst du so wollte der
hase wissen
die dampfwalzen kamen immer näher
das leben änderte sich
das leben war verloren
dafür war es da
so viel staub
so viel schmerzen
es lag im wind bereits der wilde schrei der ameisen
wenn die schon schreien
gibt's wirklich keinen grund noch hier zu bleiben
komm wir rennen rief der hase
ja dachte der igel

wir rennen
aber ich werde nichts riskieren
ich werde vor ihm ankommen
irgendwann
ja dachte die nacht
so brennen wir also durch
so zieht also die gemeinheit ein und
nichts
nichts kann man anderes dagegen tun
als zu rennen
gradewegs auf die dampfwalzen zu

35.

übrig blieb nichts
nur staub der sich auf gedichte legte
staub für die abwaschtücher
für den nächsten abschiedsbrief hinter verschlossenen türen

du hältst diese nacht in deiner hand
bzw. jemand raucht und blickt zu dir hoch
du stehst am fenster und rufst
ihn nicht

man raucht und geht wieder
man raucht und hofft
dass sie ihn sieht und
versteht

die reste ausgeschlafen
niemand ist näher als der
der geht

was denkt sie
was tut sie wenn es brennt
nachts
wenn dir niemand hinterherruft
weil keiner deinen namen kennt

dunkle phrasen
zwischen getrennten welten
nähe nur wenn du vergisst
nähe nur wenn du ihren namen
auf eine wahlwiederholungsscheibe schreiben kannst

36.

ich sah einen raben auf einem baum sitzen
unter dem baum saß der fuchs

der fuchs tat als sehe er nur den baum
was mochte er über den baum denken
ob er dachte
wie lächerlich über den baum nachzudenken

er sah den käse
den raben sah er nicht
wie gerne er in den raben
gebissen hätte
aber er sah ihn nicht

er dachte an den raben
den feind von käse
er hatte tränen im gesicht
falsche tränen die lachten
wenn man sie im schnee rieb

der rabe sah den fuchs und dachte
dort unten liegt er und schläft
aber ich werde nicht darauf
reinfallen

ich werde hier sitzen bleiben und
den käse betrachten
ich betrachte den käse mit dem schnabel
das ist einfacher

37.

da ist diese halsstarre
das sind die blender
da ist diese uhr die nicht
stehen bleibt
da ist dieses bier und da
ist diese frau
diese frau ist verheiratet
mit dir
du bist nicht ihr mann
aber auch nicht
ihr vertreter
du bist ein typ der in
der nacht lange wege geht
manchmal wenn du stehen bleibst
läufst du einfach weiter und keiner ist da
der sagt
ja auch mir würde es so gehen
wenn ich nicht
diese frau kennen würde
diese frau die keinen namen hat
was ist das fragt er sich
wo gehen wir hin
was verschwindet
wenn wir verschwinden
wo ist diese verdammte tür
wo die nacht
die alten sätze
die briefumschläge
das grauen
die polizisten
jemand muss
doch etwas tun
gegen das verlassen

38.

bist nun klüger
oder
wenigstens verrückt geworden

was machen deine zähne
wackeln sie
suchen sie ihr heil in
dunkler buchstabensuppe

wo gehst du hin
gehst du wohin
irgendwort dort
wo du das bellen
der gedichte nicht mehr hörst

sie haben versucht dich zu beißen
das tut mir leid
ich kann sie nicht an der leine nehmen
denn dann werde ich sie nicht mehr los